Serviettentechnik Weihnachten

Mona Funck
Ulla Schickedanz

Serviettentechnik
Weihnachten

INHALT

VORWORT

Liebe Leserin, lieber Leser,

eigentlich ist es kein Wunder, dass die Serviettentechnik immer mehr Freunde gewinnt. Schließlich braucht es dazu nicht mehr als schöne Motive aus Servietten auszuschneiden und diese dann mit speziellen Lacken aufzukleben. Mit der Auswahl der geeigneten Servietten und den Gegenständen, die Sie damit bekleben, können Sie Ihrer Kreativität freien Lauf lassen.

Das Ausschneiden und Aufkleben von Bildern haben wir alle schon als Kinder gerne gemacht. Die Vorläufer dieser Techniken lassen sich sogar bis ins Mittelalter zurückverfolgen. Gedruckte Papiere mit Blüten, Zierleisten und Girlanden wurden auf Möbel aufgeklebt und dick lackiert. So wurden aufwendige Holzeinlegearbeiten vorgetäuscht. Eine Blütezeit erlebte diese so genannte Decoupage bereits im späten fünfzehnten Jahrhundert. In gewisser Weise kann man diese frühen Techniken also als Vorläufer der Serviettentechnik ansehen.

Das Ergebnis dieser einfach zu erlernenden Technik ist wirklich immer eindrucksvoll. Gegenstände, die sich in jedem Haushalt finden, können verwendet werden. Schachteln, Pappe und Kerzenwachs erlangen im Nu eine raffinierte Ausstrahlung und werden so zu wundervollen Geschenken.

Lassen Sie sich von unseren Ideen in diesem Buch inspirieren und legen Sie einfach los.

Wir wünschen Ihnen viel Spaß.

Mona Funck
Ulla Schickedanz

Die Servietten

Das Wichtigste sind natürlich schöne und ausdrucksstarke Servietten. In Papeterien oder Kaufhäusern finden Sie ein so großes Angebot, dass es Ihnen sicher schwer fällt, sich zu entscheiden: Vielfältig einsetzbar sind weihnachtliche Motive aller Art, besonders dekorativ wirken auch große Nikoläuse, Schneemänner oder lustige Tiere. Für den Anfang kommen Sie mit kleinen, gut isolierbaren Motiven sicher besser zurecht, als mit ganzen Szenen, die sich schwerer auftragen lassen. Überlegen Sie zunächst, was Sie verschönern möchten und wählen Sie die Servietten entsprechend aus.

Das Trägermaterial

Als Träger für die Serviettenmotive eignen sich viele Materialien: Wachs, Holz (z. B. Weinkisten), Pappe oder Karton, Glas, Plastik und Styropor. Sogar Stoff (z. B. Leinen, Seide oder Filz) lässt sich mit den Serviettenmotiven gestalten. Nur sehr bedingt geeignet sind gröber gewebte Stoffe da die Serviettenmotive nicht ganzflächig aufliegen können. Weniger geeignet sind stark dehnbare Stoffe wie Strick oder Jersey.

Die Farben

Viele Motive wirken besser, wenn Sie den Untergrund der zu beklebenden Objekte zuvor mit einer hellen Farbe grundieren. Hierzu eignen sich am besten Acrylfarben auf Wasserbasis, etwa von Plaid. Auch Plakafarbe können Sie gut verwenden. Acrylfarbe wird in vielen Tönen angeboten. Wenn Sie das Umfeld farbig gestalten oder Akzente setzen möchten, brauchen Sie nicht unbedingt eine Vielzahl von Farben. Einige Standardfarben genügen:
Zum Grundieren: Weiß, Elfenbein, Gold, Silber.
Für Hintergründe: Blau, Rot, Grün, Gelb.
Zum Beschriften eignen sich Lackstifte in Silber oder Gold (z. B. von Edding).

Der Klebelack

Klebelack, etwa „Servietten-Technik Lack" von UHU, ist das wichtigste Hilfsmittel in der Serviettentechnik, denn er verbindet die Serviette dauerhaft mit dem Untergrund. Für Stoffe benötigen Sie ein spezielles Klebemedium z. B. „Javana-Textil-Potch". Möchten Sie Kerzen bekleben bzw. Wachs, dann verwenden Sie Kerzenüberzuglack von z. B. „Hobby aktiv". In den Materiallisten wird der jeweils verwendete Klebelack angegeben. Finden Sie keine Angaben, verwenden Sie einen Klebelack Ihrer Wahl.

Grundmaterial

Die Grundmaterialien, die Sie fast immer benötigen, haben Sie sicher schon im Haushalt oder können sie leicht und preiswert beschaffen:
► Schere und Cutter sowie eine Schneideunterlage
► Backpapier, möglichst weiß
► Borstenpinsel, verschiedene Breiten
► Schwammpinsel oder kleine Schwammrolle
► Wasser zum Verdünnen von Farben und zum Auswaschen der Pinsel
► Bügeleisen zum Fixieren
► evtl. Föhn (zum schnellen Trocknen)
► Küchenkrepp und Zeitungspapier

- ▶ Verschiedene Klebstoffe, wie Klebestift, Sprühkleber als Haftgrund für Dekorschnee und Holzleim zum verkleben von Papieren, Stoffen oder Wachs (Stoffmedium, Wachsmedium).

- ▶ Schwere Bücher oder Kataloge zum Beschweren von beklebten Karten oder Ähnlichem.
- ▶ Außenlack für zusätzlichen Schutz, z. B. FolkArt, OutdoorSealer.

TECHNIK

Serviette vorbereiten

Papierservietten bestehen fast immer aus drei Lagen: einer oberen Schicht mit aufgedrucktem Motiv, einer Zwischenlage und einer Unterschicht. Die unterste Lage wird nicht benötigt. Lösen Sie sie vorsichtig ab, ohne die übrigen Schichten zu beschädigen. Ist das Motiv auf der Serviette sehr hell oder der vorgesehene Untergrund besonders dunkel, empfiehlt es sich, die Zwischenlage nicht zu entfernen, da so eine größere Farbintensität des Motivs erreicht wird. Ansonsten wird die mittlere Schicht ebenfalls abgezogen und nur die obere Schicht verarbeitet.

Servietten bestehen aus mehreren Lagen

Motiv auswählen

Die Auswahl an Papierservietten ist groß. Sie finden Motive für jeden Anlass und in einer breiten Farbpalette. Einzelmotive erlauben Ihnen einen größeren Gestaltungsspielraum bei der Anordnung, während sich komplette Szenen besonders für größere Flächen anbieten. Mit der Zeit werden Sie einen guten Blick dafür entwickeln, welche Motive sich gut für die Serviettentechnik eignen.

Tipp

Achten Sie bei der Auswahl eines Motivs darauf, dass Größe und Form zu dem geplanten Objekt passen, das Sie gestalten möchten. Das Motiv sollte nicht zu klein sein, andererseits nicht so groß, dass es in Falten aufgebracht werden muss.

Motive herauslösen

Bei Servietten mit Landschaften oder sehr fein gemalten Motiven bietet sich das Reißen an: Zentimeter für Zentimeter. Bei dieser Methode ist das harmonische Abstimmen mit der Grundierfarbe besonders wichtig. Wählen Sie für die Grundierung eine Farbe, die dem Serviettenton entspricht. Ist der Übergang nicht mehr zu erkennen, wirkt das Motiv wie von Hand gemalt.

Kompakte Motive mit einem sichtbaren Rand sollten möglichst exakt und ohne Rand ausgeschnitten werden. Arbeiten Sie mit einer spitzen und scharfen Schere, da beim Schneiden die Genauigkeit für ein gelungenes Ergebnis wichtig ist. Hat Ihr Objekt einen hellen Untergrund, können Sie jetzt die zwei weiteren Papierlagen abziehen. Benutzen Sie dazu ein Stück Klebefilm, das Sie auf den Rand der zweiten Lage drücken. Ziehen Sie es dann vorsichtig ab und die Schicht löst sich problemlos.

Träger vorbereiten

Wichtig ist, dass alle Objekte, die Sie bearbeiten möchten, trocken, staubfrei und sauber sind. Fertig gekaufte oder wiederverwendete Holzobjekte haben oftmals noch eine raue Oberfläche. Die Unebenheiten können aber ganz leicht mit Schmirgelpapier geglättet werden. Achten Sie darauf, den Staub vor der Weiterverarbeitung vollständig abzuwischen.

Farbige Gestaltung

Natürlich können Sie Schachteln, Vasen und Töpfe als Rohlinge im Handel kaufen. Aber auch gebrauchte Objekt sollten Sie nicht verschmähen. Mit einer farbigen Grundierung bekommen Sie einen ganz neuen und aktuellen Look.

Arbeiten Sie niemals aus der Farbflasche oder dem Klebelack-Topf. Die Farbe trocknet sehr schnell ein und ist nicht mehr brauchbar. Füllen Sie stattdessen etwas Farbe in die Deckel von Konservengläsern oder in kleine Joghurt-Becher und mischen Sie Ihre Wunschfarbe. Um die Pinsel nicht so oft auswaschen zu müssen, bietet sich Frischhaltefolie an: Sie können zwischendurch die Pinsel darin einwickeln und nach Beendigen der Arbeit alles reinigen.

Achten Sie beim Grundieren darauf, die Farbe in gleichmäßigen Strichen aufzutragen.

Klebelack auftragen

Der Klebelack soll dünn aufgetragen werden. Das gelingt am besten mit einem Schwammpinsel oder einer kleinen Schaumstoffrolle aus dem Baumarkt. Der Klebelack ist anfangs milchig und trocknet binnen weniger Minuten. Er wird immer unter und über der Serviette aufgetragen, sodass das empfindliche Fließpapier vollständig von Klebelack umschlossen wird.

Für die Grundschicht unter dem Serviettenmotiv wird der Klebelack auf dem ganzen Objekt aufgetragen (würden Sie ihn nur dort auftragen, wo später die Serviette aufliegt, entstünden unschöne Ränder). Für die Schutzschicht über dem Motiv genügt es, den Klebelack nur im Bereich des eigentlichen Motivs dünn aufzutragen. Möchten Sie jedoch Serviettenmotive auf Seide kleben, ist es ratsam das Motiv mit der Vorderseite auf ein Stück Papier zu legen und die Rückseite mit leichten Pinselstrichen mit Kleber zu bestreichen. Sehr schnell muss das Motiv abgezogen und mit etwas Fingerspitzengefühl auf die Seide appliziert werden. Für diese Methode eignen sich jedoch nur Motive mit relativ glatten Konturen.

Motiv fixieren

Es gibt zwei Methoden, um Objekt (Schachteln, Karten, Pappe etc.) und Serviettenmotiv miteinander zu verbinden:

Fixieren ohne Bügeln

Bei Trägermaterialien wie z. B. Styropor, Wachs, Kunststoffen oder anderen hitzeempfindlichen Gegenständen reicht es völlig aus, wenn Sie das Objekt dünn mit

Klebelack einstreichen, diesen kurz antrocknen lassen und das Serviettenmotiv an die gewünschte Stelle legen. Mit den Fingern vorsichtig andrücken und zu den Rändern hin glatt streichen. Nach dem Trocknen wird das Motiv von der Mitte zu den Rändern hin mit einer dünnen Schicht Klebelack versehen.

Aufbügeln

Werden Stoffe oder größere Flächen mit Serviettenmotiven verschönert, ist es ratsam, die Motive mit dem Bügeleisen zu fixieren.

Hierbei werden die ganzen Objekte dünn mit Klebelack eingestrichen. Der Lack trocknet in wenigen Minuten. Noch schneller geht es mit dem Föhn.

Ist der Klebelack getrocknet, können Sie das Motiv auflegen. Legen Sie ein etwas größeres Stück Backpapier darüber und bügeln Sie mit dem Bügeleisen – möglichst in der höchsten Stufe – kurz darüber.

Größere Motive fixieren Sie zuerst von der Mitte aus und arbeiten sich dann zu den Rändern vor. Achten Sie darauf, dass alle Luftblasen herausgebügelt werden und die Ränder des Motivs fest aufliegen. Um das Serviettenmotiv zu schützen, tragen Sie nun noch eine Lackschicht auf. Es ist normal, dass hierbei Blasen oder kleinere Fältchen entstehen. Diese verschwinden jedoch fast vollständig, wenn das Objekt völlig trocken ist.

Fertigstellung

Damit das fixierte Serviettenmotiv harmonisch eingebunden wird, ergänzen Sie es durch Farbakzente, die Sie mit Acrylfarben aufmalen.

Falls Sie mit Goldflitter, kleinen Goldsternchen oder Ähnlichem arbeiten, können Sie diese in den feuchten Klebelack einstreuen oder festdrücken.

Der normale Klebelack ist meist nicht wasserfest. Die Objekte können trotzdem mit einem feuchten Tuch gereinigt werden. Möchten Sie das Kunstwerk nach draußen stellen oder es verschenken, bietet sich das Schützen mit Außenlack an. Diesen Endlack gibt es von Matt bis zu Brillantglanz. Sie sollten ihn zweimal auftragen. Zwischen jedem Arbeitsgang vollständig trocknen lassen (ca. 2 Stunden).

Servietten auf Stoff applizieren

Eine besondere Methode ist das Applizieren auf Stoff, etwa einem Beutel, einem Kissen oder einer Tischdecke. Das Prinzip ist ähnlich wie beim Applizieren auf Holz, Ton oder Plastik und wird auf Seite 9 ausführlich beschrieben. Waschen Sie diese Textilien immer mit der Hand bei 30 °C und mit Schonwaschmittel. Schützen Sie die Applikationen beim Bügeln durch eine Lage Backpapier.

Arbeiten mit Kerzenwachs

Gerade in der Weihnachtszeit spielen Kerzen beziehungsweise Wachs eine große Rolle. Einige Ideen wie z. B. die Wachskugeln auf Seite 36/37 oder die Wachsvasen auf Seite 34/35 erfordern daher den richtigen und sicheren Umgang mit Wachs.

Für die in diesem Buch vorgestellten Objekte eignen sich bereits Wachsreste von niedergebrannten Kerzen, aber auch einfache Haushaltskerzen können verwendet werden.

Tipp

Fertige Objekte sollten trotz wasserfester Außenlackierung nicht längerem Regen oder Schnee ausgesetzt werden. Wählen Sie zur Sicherheit lieber einen geschützten Standort z. B. unter einem Vordach.

Zum Schmelzen benötigen Sie:

▶ Eine leere Konservendose, die Öffnung und Höhe sollten so weit sein, dass Sie ohne Probleme die Styroporkugeln (siehe Seite 36/37) eintauchen können.

▶ Für das Wasserbad eignet sich ein mittlerer, älterer Kochtopf, der etwa bis zu einem Drittel mit Wasser gefüllt wird.

▶ Um die richtige Temperatur des flüssigen Wachses zu ermitteln, verwenden Sie ein Wachs- oder Batikthermometer (erhältlich im Bastelgeschäft).

▶ Topfhandschuhe

▶ Holzstab zum Umrühren

Wachs schmelzen

Geben Sie die Wachsreste in die leere Konservendose, jedoch nur so viel, dass nichts übersteht. Stellen Sie die Konservendose ins Wasserbad und erhitzen Sie das Wasser im Topf. Das flüssige Wachs sollte 82 °C nicht überschreiten, da sich Wachs ab ca. 100 °C selbst entzünden kann. Für die Weihnachtskugeln auf Seite 36/37 sollte das Wachs sogar nur 72 °C heiß sein.

Lassen Sie Wachs beim Erhitzen niemals unbeaufsichtigt.

Schmelzen Sie Wachs immer im Wasserbad. Das Wasser darf niemals verkochen.

Tipp

Sollte es tatsächlich einmal brennen, löschen Sie das Feuer niemals mit Wasser. Schalten Sie die Kochplatte aus und löschen Sie das Feuer mit einem Kochtopfdeckel, einem feuchten Tuch oder mit einer speziellen Feuerdecke.

Bezugsquellen

Servietten von
IHR – Ideal Home Range
Brookdamm 3
D-49632 Essen/Oldenburg

Home Fashion
Carl Dietrich GmbH
Finsterau 31 F
D-09518 Großrückerswalde

UHU GmbH + Co. KG
D-77813 Bühl/Baden

Ein herzliches Willkommen

Viele Nikoläuse an der Wohnungstür – freundlicher kann man Gäste kaum begrüßen. Und nicht zu vergessen: selber kommt man auch immer wieder gerne nach Hause.

Anleitung

DAS BRAUCHEN SIE:

Türgirlande
- Grundmaterial (siehe Seite 7)
- Klebelack
- Serviette mit Nikolaus-motiven
- Pappe, hellgrundig
- Türgirlande aus Tanne
- Stroh, Tannenzapfen
- getrocknete Orangen-scheiben
- Dekorationsäpfelchen oder kleine echte Äpfel
- Wickeldraht

Strohhaus
- Grundmaterial (siehe Seite 7)
- Klebelack
- Strohhalme
- Paketschnur
- Serviette mit Nikolaus-motiv
- Strohstern

Türgirlande

- Für die Nikolausanhänger werden die Motive grob aus den Servietten geschnitten, alle Lagen entfernt und mit Klebelack auf helle Pappe aufgeklebt (siehe Technik Seite 8).
- Mit dem Cutter die aufgeklebten Motive exakt ausschneiden.
- Die fertige Girlande mit den Anhängern, Stroh, Tannenzapfen, Äpfelchen und getrockneten Orangenscheiben wie auf dem Foto dekorieren.

Haus aus Strohhalmen

- Je nach Stärke der Strohhalme etwa 12 bis 16 Strohhalme bündeln und die Bündel auf unterschiedliche Längen zurechtschneiden. Die einzelnen Bündel, wie auf dem Foto zu sehen ist, mit Paketschnur zusammenbinden. Die Dachschrägen mit jeweils einem Bündel von der Rückseite nochmals verstärken.
- Ein größeres Nikolausmotiv aus der Serviette schneiden und wie bei den Anhängern von der Türgirlande auf Pappe kleben und ausschneiden.
- Das fertig gebundene Haus mit dem Nikolaus und einem Strohstern dekorieren.

Tipp

Zwar werden im Handel bereits viele künstliche Girlanden, die wie echte erscheinen, angeboten, jedoch geht nichts über eine aus Tannengrün oder verschiedenen Koniferen selbst gebundene Girlande.

Für das Strohhaus besorgen Sie sich am besten ganze getrocknete Kornbündel und schneiden dann die Kornähren ab. Sie haben somit längere Halme zur Verfügung. Die Kornbündel erhalten Sie in gut sortierten Gartenfachmärkten.

Advent, Advent …

Dieser Adventskranz zeigt eine Winterlandschaft. Einfache weiße Kerzen werden aufgewertet, es entsteht ein kostengünstiges und dennoch einzigartiges, floristisches Meisterwerk.

Anleitung

Adventskranz

▶ Lerchenzapfen andrahten und in den Reisigkranz stecken. Den Kranz mit Sprühkleber einsprühen und mit Dekorschnee bestreuen. Kleine Silbersternchen aufkleben.

▶ Schneemannmotive aus den Servietten reißen und alle Lagen entfernen. Das Motiv auf die Kerzen legen und mit Wachsmedium fixieren.

▶ Jeweils zwei Stücke festen Blumendraht über einer Kerzenflamme erhitzen und in die Kerzenunterseite bohren.

▶ Die angedrahteten Kerzen an der gewünschten Stelle durch den Reisigkranz stecken und auf der Kranzunterseite die überstehenden Drahtenden miteinander verdrehen und wieder in den Kranz zurückstecken.

Streichholzschachtel

▶ Die Schachteloberseite mit Acrylfarbe hell grundieren.

▶ Motiv aus der Serviette schneiden und alle Lagen abziehen.

▶ Mit Klebelack das Motiv aufkleben und nochmals überpinseln.

Adventskalender

Auch den Kindern macht das Arbeiten mit Servietten Spaß und die Neugierde auf die kleinen Überraschungen wird sicherlich beim Baumpflanzen, Ausschneiden und Kleben noch gesteigert.

Anleitung

DAS BRAUCHEN SIE:

- Grundmaterial (siehe Seite 7)
- größeren Zweig
- Blumentopf aus Plastik
- Styroporstücke
- Gips, Wasser, Eimer
- Servietten, verschiedene Motive
- 24 Toilettenpapier-Papprollen, hell
- Klebelack
- Krepppapier in Rot
- Klebestift
- Fotokarton in Rot
- Silberstift
- 24 kleine Kinderüberraschungen
- Geschenkband, 0,4 cm breit
- Übertopf
- Moos

▶ Einen größeren Zweig oder Ast in einen Plastiktopf stellen und mit Styroporstücken befestigen. Gips mit Wasser (siehe Gebrauchsanweisung) anrühren und den Plastiktopf damit auffüllen.

▶ Unterschiedliche Motive aus den Servietten schneiden und alle Lagen abziehen. Die Motive auf 24 hellgrundigen Toilettenpapier-Papprollen mit Klebelack aufkleben.

▶ Aus rotem Krepppapier 24 Stücke in der Größe 18 × 18 cm schneiden und mit einem Klebestift in die Papprollen einkleben.

▶ Kleine rote Kärtchen aus Fotokarton zuschneiden, lochen und mit Ziffern von 1 bis 24 beschriften.

▶ Die fertigen Rollen mit Überraschungen füllen (natürlich jetzt ohne die Kinder) und beide Enden mit Geschenkband zubinden, dabei die Ziffernkärtchen mit einbinden.

▶ Die fertigen Päckchen in den Baum hängen. Den Baum in einen schönen Übertopf stellen, oder mit Krepppapier umhüllen und mit Moos belegen.

Ist er nicht prächtig?

Kinder haben eine feste Vorstellung davon, wie der Weihnachtsmann auszusehen hat: rot von Kopf bis zum Fuß und einen großen weißen Bart. Dieser hat sogar noch ein Säcklein und eine Rute dabei.

Anleitung

▶ Die Schnittteile abpausen (Vorlage siehe Seite 60–62) auf dem Kopierer auf die gewünschte Größe vergrößern. Das Ganze auf den roten Filz übertragen. Mit 1 cm Nahtzugabe ausschneiden.

▶ Zuerst mit der Nähmaschine den Bauch zwischen die beiden Vorderteile nähen, dann das Rückenteil und das Vorderteil zusammennähen. Die untere Naht offen lassen zum Füllen.

▶ Die Füllwatte in den Nikolauskörper stopfen, sodass der Nikolaus leicht gefüllt ist, dann die untere Naht schließen.

▶ Aus grobem Leinenstoff ein Säckchen nähen, mit Füllwatte etwas ausstopfen und am linken Armende des Weihnachtsmannes annähen.

▶ Das Weihnachtsmanngesicht und die Stiefel als Motiv aus den Servietten schneiden und alle Lagen entfernen.

▶ Mit Klebelack die Motive auf hellgrundige Pappe aufkleben und nach dem Trocknen mit dem Cutter exakt ausschneiden.

▶ Die Pappteile von hinten mit roter Acrylfarbe anmalen und an den Körper annähen.

▶ Mehrere kleine Zweige zu einer Rute zusammenbinden und an den linken Arm nähen.

▶ Auf die Mantelvorderseite (Mitte) einen breiten senkrechten Streifen aus Watte kleben.

▶ Die Goldkordel wird dem Weihnachtsmann als Gürtel um den Bauch gebunden.

Blickfang

Im Flur oder einer freien Raumecke platziert erzielt dieser einzigartige Blumenständer eine große Wirkung, nicht nur auf Gäste.

Anleitung

▶ Aus feinmaschigem Maschendraht ein Quadrat schneiden. Die Größe richtet sich nach dem Durchmesser des Blumenständers.

▶ Den Draht zu einer Tüte formen und die Schnittkanten ineinander verhaken. Die hochstehende Ecke mit etwas Abstand nach außen umklappen. Die Drahttüte mit Toilettenpapier oder Küchenkrepp von außen komplett umwickeln.

▶ Gipsbinden in ca. 10–12 cm lange Stücke schneiden. Nacheinander die Abschnitte in kaltes Wasser eintauchen und überlappend auf die umwickelte Drahttüte auflegen, glatt anstreichen. Im Inneren reicht es aus, wenn vom Rand aus etwa 8 cm mit den Gipsbinden belegt werden. Zwischendurch immer wieder überprüfen, ob die Tüte noch in den Ständer passt.

▶ Nachdem die ganze Tüte beklebt ist, mindestens zwei Tage trocknen lassen.

▶ Die Tüte mit heller Acrylfarbe grundieren und trocknen lassen.

▶ Unterschiedliche Beerenzweigmotive aus den Servietten reißen und alle Lagen entfernen. Die vollständig getrocknete Tüte mit Klebelack bestreichen, die Motive auflegen und nochmals gründlich mit Klebelack überstreichen.

Tipp

Floristen helfen Ihnen gerne bei der Ausgestaltung Ihres selbst hergestellten Werkes. Eine Grabvase eignet sich hervorragend als Einsatz für frische Blumen, die Wasser benötigen.

Adventskaffee

Viele goldene Sterne sorgen für einen stimmungsvollen Kaffeetisch.
Laden Sie Ihre Freundinnen ein und erzählen Sie von Ihrem
neuen Hobby.

Anleitung

Tischmitteldecke

▶ Die Decke ganz auf Papier auflegen, damit nichts durchklebt.
▶ Aus den Servietten Sternenmotive ausschneiden, alle Lagen entfernen.
▶ Den Stoffkleber zuerst an einem Seitenrand auftragen.
▶ Ausgeschnittene Sterne auflegen, glatt streichen, mit Stoffkleber überstreichen.
▶ Diesen Arbeitsgang an den drei anderen Seiten wiederholen.
▶ Wenn die Decke mit den Sternen getrocknet ist, wird sie bei 40–50 °C gebügelt.

Serviettenring

▶ Eine Papprolle in 4 cm Länge abschneiden.
▶ So viel Goldgeschenkband abmessen, dass die ganze Rolle damit bedeckt werden kann.
▶ Die Rolle mit Klebstoff bestreichen und das Goldgeschenkband gut ankleben.
▶ Festen Karton mit Serviettenkleber bestreichen.
▶ Serviettenmotiv Stern ausschneiden, alle Lagen entfernen.
▶ Serviettenmotiv auflegen, glatt streichen, mit Klebelack überstreichen.
▶ Nach dem Trocknen den Stern ausschneiden und sorgfältig auf die Papprolle kleben.

Leinen und Seide

Mit etwas Geschick können Sie die bezaubernden Serviettenmotive auch auf edlen Stoffen anbringen. Seide wirkt im Kerzenschein besonders schön.

Anleitung

DAS BRAUCHEN SIE:

Kissen
- Grundmaterial mit Stoffmedium (siehe Seite 7/8)
- Leinenstoff
- Nähseide in Naturfarben
- Nähmaschine
- Küchenpapier
- Serviette mit Engelkopf

Lampe
- Grundmaterial mit Stoffmedium (siehe Seite 7/8)
- Batikseide
- Glaszylinder
- Serviette mit Weihnachtskugelmotiv
- Nähseide
- Nähmaschine
- verschiedene Perlendrähte
- Kerze

Kissen

▶ Den Leinenstoff zuschneiden (1 m × 0,5 m). Die Stoffränder mit der Nähmaschine im Zickzackstich versäubern. An den schmalen Seiten einen 2 cm breiten Saum nähen.

▶ Den Stoff in Dritteln rechts auf rechts zusammenfalten und die Seitennähte schließen.

▶ Küchenpapier unter die Kissenvorderseite legen, damit die Stofflagen nicht miteinander verkleben.

▶ Die Engelmotive aus der Serviette schneiden, alle Lagen von der Serviette abtrennen.

▶ Die Rückseite der Motive vorsichtig mit Stoffmedium einpinseln und sofort auf den Leinenstoff aufkleben. Es erfordert etwas Fingerspitzengefühl, die Motive auf diese Weise auf den Stoff zu bringen, jedoch entstehen später keine unschönen Leimränder auf dem Stoff. Gegebenenfalls nochmals mit dem Stoffmedium etwas nachbessern.

▶ Nach etwa 24 Stunden Trockenzeit bei niederer Temperatur überbügeln.

Lampe

▶ Die Batikseide entsprechend der Größe des Glaszylinders wie folgt zuschneiden.

▶ Länge: 1 cm plus Umfang des Glaszylinders plus Nahtzugabe. Breite: 1 cm plus Höhe des Glaszylinders plus 2-mal den Saum.

▶ Jeweils die Ober- und Unterkante der Seide einsäumen.

▶ Die Christbaumkugelmotive aus der Serviette schneiden und alle Lagen entfernen. Die Serviettenmotive mit Stoffmedium auf die Seide aufkleben (siehe Arbeitsanleitung Kissen).

▶ Die Seide rechts auf rechts zusammenlegen und die Seitennaht der Hülle mit der Nähmaschine schließen.

▶ Die Hülle über den Glaszylinder streifen und um den oberen Zylinderrand die verschiedenen Perlendrähte anbringen (siehe Foto). Damit die Lampe auch leuchtet, wird eine helle Kerze hineingestellt.

Bilderwechsel

Jetzt ist es Zeit, die Bildergalerie im Flur gegen Bilder mit weihnachtlicher Stimmung auszutauschen … und Sie sind die Künstlerin.

Anleitung

▶ Das Serviettenmotiv ausreißen, alle Lagen entfernen.

▶ Zwei Löcher zum Aufhängen, oben an der geraden Seite, in die Schindeln bohren.

▶ Den Klebelack auf die Schindeln streichen.

▶ Das Serviettenmotiv auflegen und noch einmal überstreichen.

▶ Sisalkordel durch die Löcher ziehen und verknoten.

Tipp
In den waldreichen süddeutschen Ländern sind die Häuser oft mit Schindeln verkleidet. Diese Fassaden werden von Schindelmachern gestaltet. Sie bekommen Schindeln verschiedener Größen in einem Holzfachmarkt oder bei einem Urlaub in Hessen oder Süddeutschland bei den Schindelmachern.

Statt bunter Blumen …

Ob drinnen oder draußen, in diesen wunderschönen Blumenkästen lebt Immergrünes wieder auf. Die lustigen Schneemänner lassen ihre Köpfe auch niemals hängen.

Anleitung

Blumenkasten

- Mit einem breiten Pinsel die Holzkiste mit Acrylfarbe elfenbeinfarben grundieren.
- Schneemannmotive aus der Serviette schneiden und alle Lagen abziehen.
- Die Schneemänner im unteren Bereich der Holzkiste auflegen und mit einem mittelbreiten Pinsel von der Mitte heraus mit Klebelack fixieren. Es ist ratsam, eine Seite nach der anderen zu bearbeiten.
- Die motivfreien Flächen mit blauer Acrylfarbe bemalen.
- Nachdem alle Flächen trocken sind, die Kiste in den blauen Bereichen mit Sprühkleber besprühen und den Dekorschnee leicht darüber streuen.

Blumenstecker

- Die ausgeschnittenen Schneemannmotive mit Klebelack auf hellgrundige Pappe kleben.
- Nach dem Trockenvorgang die Motive mit dem Cutter ausschneiden.
- Auf der Rückseite werden die Holzspieße mit Klebeband in der Mitte fixiert.
- Rückseite, Schnittkanten und Holzstäbe mit blauer Acrylfarbe bemalen.

Tipp

Wenn Sie die Schneemänner ins Freie stellen wollen, sollten Sie auf jeden Fall noch zwei bis drei Lackschichten zusätzlich auftragen, damit sie wetterbeständig werden.

Festlich zu Tisch

Festlich tafeln lässt es sich an diesem edel gedeckten Tisch.

Vom Tischset bis zur Menükarte ist alles selbst gestaltet. Auch die

Tischbeleuchtung entsteht in Eigenregie.

DAS BRAUCHEN SIE:

Für alle Objekte:
- [ ] Grundmaterial (siehe Seite 7)

Tischset
- [ ] Serviette mit Engelmotiv
- [ ] Tischset
- [ ] Klebemedium für Stoff

Wachssterne
- [ ] Sternausstechformen in verschiedenen Größen
- [ ] Knete
- [ ] Kerzenwachsreste in Weiß
- [ ] leere Konservendose
- [ ] Topf mit Wasser
- [ ] Serviette mit Mustermotiven
- [ ] Lackstift

Menükarte
- [ ] Serviette mit Mustermotiven
- [ ] Klappkarte in Weiß
- [ ] Klebelack
- [ ] Silberkordel
- [ ] Quaste silberfarbig
- [ ] Silberstift

Glas mit Kerzenlicht
- [ ] Serviette mit Mustermotiven
- [ ] Klebelack
- [ ] ein hohes Trinkglas

Anleitung

Tischset
- ▶ Das Engelkopfmotiv aus der Serviette schneiden.
- ▶ Die gewünschte Stelle auf dem Tischset mit Klebemedium für Stoff dünn einstreichen, die oberste Serviettenlage auflegen und andrücken. Von der Mitte heraus mit vorsichtigen Pinselstrichen nochmals mit dem Klebemedium fixieren.
- ▶ Nach 24-stündigem Trockenvorgang mit dem Bügeleisen bei niedrigster Temperatur überbügeln.

Wachssterne
- ▶ Die Sternformen auf Backpapier legen und die Ränder außen mit Knete abdichten.
- ▶ Weiße Wachsreste in eine leere Konservendose geben und im Wasserbad langsam schmelzen.
- ▶ Das nicht zu heiße, flüssige Wachs in die vorbereiteten Sternformen gießen.
- ▶ Die fest gewordenen Wachssterne aus den Formen lösen.
- ▶ Die oberste Lage der gewünschten Serviette auf die glatte Sternunterseite legen und mit Wachsmedium bestreichen. Nach dem Trocknen werden die überstehenden Serviettenreste mit einem Cutter bündig zum Wachsstern abgetrennt.

- ▶ Wenn es eine feste Sitzordnung beim Fest geben soll, können die Namen der Gäste mit einem entsprechenden Lackstift auf den Stern geschrieben werden.

Menükarte
- ▶ Einen Musterstreifen aus der Serviette schneiden und alle Lagen entfernen.
- ▶ Den gefalzten Rand der Doppelkarte dünn mit Klebelack einstreichen, das Motiv auflegen und festdrücken. Nochmals mit Klebelack überpinseln.
- ▶ Wenn die Oberfläche der Karte angetrocknet ist, die Karte beschweren.
- ▶ Zum Schluss die Quaste mit der Silberkordel anbringen und die Karte beschriften.

Glas mit Kerzenlicht
- ▶ Verschiedene Musterstreifen aus der Serviette schneiden und alle Lagen abziehen.
- ▶ Das Glas dünn mit Klebelack einstreichen, die einzelnen Musterstreifen um das Glas kleben und nochmals mit Klebelack überpinseln.

Hell erleuchtet ...

Gemütliches, warmes Licht an dunklen Winterabenden verzaubert jeden Raum. Wenn Sie jetzt Ihren Kindern noch eine Geschichte vom Mann im Mond erzählen, schlafen sie bestimmt ruhig ein.

Anleitung

▶ Die Prospekthülle an den Nähten auseinander trennen, sodass man zwei Folien erhält.

▶ Diese Folien für die offenen Seitenwände der Laternen zurechtschneiden, sodass man pro Laterne vier Folienausschnitte erhält. Die Folienausschnitte werden später von hinten gegen die offenen Seitenwände geklebt, d. h. sie müssen entsprechend größer ausgeschnitten werden.

▶ Die Serviettenmotive den Ausschnitten der Seitenteile anpassen und ausschneiden, alle Lagen abziehen.

▶ Die Folienausschnitte mit Klebelack einstreichen.

▶ Die Serviettenmotive auflegen und überstreichen.

▶ Die fertigen Motive mit doppelseitigem Klebeband von innen in die Laterne kleben.

▶ Zum Schluss die Laternen entsprechend der Anleitung für den Bausatz zusammenbauen.

Tipp

In jeder größeren Stadt finden Sie Spielwarengeschäfte, die neben besonders schönem Spielzeug auch immer mehr Holzbausätze anbieten. Mit etwas Glück finden Sie dort in der Weihnachtszeit Bausätze für Holzlaternen. Fertig gestanzte Wellpapplaternen bekommen Sie in gut sortierten Bastelläden.

Ungewöhnliche Vasen

Wachsreste lassen sich nicht nur wieder zu neuen Kerzen verarbeiten.

Da Wachsgefäße absolut wasserdicht sind, entstehen hier sogar

originelle Vasen. Auch die Fenstervase kann sich sehen lassen.

Anleitung

Wachsvasen

▶ Gießform vorbereiten: Die Ränder einer hohen Pappschachtel mit quadratischer Grundfläche mit Klebeband abdichten. Die Pappschachtel auf ein mit Backpapier ausgelegtes Backblech stellen und mit Knete den unteren Rand abdichten.

▶ In einer Konservendose helle Wachsreste langsam im Wasserbad schmelzen lassen.

▶ Das flüssige, nicht zu heiße Wachs vorsichtig in die vorbereitete Form gießen.

▶ Das Wachs so weit abkühlen lassen, bis sich eine etwa 4 cm dicke feste Schicht auf der Oberfläche gebildet hat. Mit dem Cutter etwa 1 cm vom Rand entfernt ein Quadrat herausschneiden. Mit einem Pfannenwender das Wachsquadrat entfernen.

▶ Das noch nicht fest gewordene flüssige Wachs aus der Form gießen. Die Wachsvase völlig erkalten lassen, danach aus der Pappschachtel lösen.

▶ Die Engelmotive aus der Serviette schneiden und alle Lagen abziehen.

▶ Mit dem Wachsmedium die Motive wie auf dem Foto auf die Vase kleben.

Fenstervase

▶ Die Tannenbaummotive aus der Serviette schneiden und alle Lagen abziehen.

▶ Klebelack dünn auf die Fenstervase auftragen, möglichst nur auf die Stellen wo die Tannenbäume platziert werden. Die Motive auflegen und mit Klebelack nochmals überstreichen.

Tipp

Wenn Sie die Fenstervase in lauwarmem Wasser einweichen, können Sie das weihnachtliche Motiv wieder ablösen und – entsprechend der jeweiligen Jahreszeit – durch neue Motive ersetzen.

Eisige Kugeln

Weihnachten im Schnee – das wäre ein Traum. Lassen Sie den Traum wahr werden und schmücken Sie den Baum mit eisigen Kugeln aus Wachs, Schnee und Eiskristallen.

Anleitung

▶ Das Schneemannmotiv kreisförmig aus der Serviette herausreißen und alle Lagen abziehen.

▶ Die weißen Wachsreste zusammen mit etwas von den blauen Wachsresten in die leere Konservendose geben und im Wasserbad langsam schmelzen lassen. Das flüssige Wachs sollte nur so heiß sein, dass es nicht wieder fest wird.

▶ Die Styroporkugeln unregelmäßig etwas eindrücken und jeweils auf einen Holzspieß stecken. Die Kugeln nacheinander mehrmals in das flüssige Wachs eintauchen. Nach jedem Tauchgang die Kugeln vollständig erkalten lassen.

▶ Wenn die Kugeln schön mit Wachs ummantelt sind und das Styropor nicht mehr zu sehen ist, wird das Wachsmedium aufgetragen, das Serviettenmotiv aufgelegt und die gesamte Kugel nochmals mit dem Wachsmedium bestrichen.

▶ Nach dem Trocknen den Holzspieß entfernen und die Enden eines etwa 12 cm langen Geschenkbandes mit dem Holzspieß in das Loch stecken.

▶ Mit einer erhitzten Messerspitze das Wachs um den Bandaustritt herum verdichten.

Alles in den Sack!

Für die vielen kleinen und großen Nikolauspäckchen stehen Stiefel und Sack bereit. Das wird dem Nikolaus gefallen und er wird sie reichlich füllen.

Anleitung

DAS BRAUCHEN SIE:

Filzstiefel
☐ Grundmaterial mit Stoffmedium (siehe Seite 7/8)
☐ Filz, grau meliert
☐ Nähmaschine und Nähgarn
☐ Stecknadeln und Nähnadeln
☐ weiße Glasperlen als Stäbchen
☐ Serviette mit Nikolausmotiv und Borde

Nikolaussack
☐ Grundmaterial mit Stoffmedium (siehe Seite 7/8)
☐ Kaffeesack
☐ Nähmaschine und Nähgarn
☐ Serviette mit Ilexkranz- und Nikolausbärmotiv
☐ Juteband, ca. 60 cm

Filzstiefel

▶ Das Schnittmuster abpausen (Vorlage siehe Seite 63) und nach Wunsch entsprechend vergrößern.

▶ Den Filz doppelt legen, das Stiefelschnittmuster aufstecken und mit 1 cm Nahtzugabe zuschneiden. Die Stiefelteile rechts auf rechts zusammennähen. An den Rundungen und der Ecke zum Stiefelschaft mit der Schere den Rand bis zur Naht hin und wieder einschneiden.

▶ Jetzt kann der Stiefel umgestülpt werden. Den Stiefelschaft nochmals etwa 10 cm nach außen umschlagen und mit weißen Glasperlenstäbchen besticken (siehe Foto).

▶ Am hinteren Stiefelschaft noch eine Filzschlaufe mit annähen.

▶ Die Motive aus der Serviette schneiden, alle Lagen abziehen und wie bei dem Buchumschlag auf Seite 46/47 auf dem Filzstiefel fixieren.

Nikolaussack

▶ Aus einem alten Kaffeesack (erhältlich in Kaffeeröstereien) ein Stück Jute in der Größe ca. 45 x 140 cm zuschneiden, zusammenfalten und die Seitennähte mit der Nähmaschine schließen.

▶ Den Sack umstülpen und von innen mit einigen Lagen Küchenkrepp auslegen.

▶ Die Sackvorderseite mit Stoffmedium großzügig einstreichen und die vorbereiteten Serviettenmotive mithilfe eines breiteren Borstenpinsels von oben nach unten langsam auflegen und andrücken.

▶ Der gefüllte Sack wird mit einem Juteband verschlossen.

Wiederverwertung

Schuhkartons, Kosmetikverpackungen oder einfache Pralinenschachteln – mit weihnachtlichen Servietten verzaubert, werden zu den schönsten Geschenkverpackungen. Später können sie zum Aufbewahren von Christbaumschmuck verwendet werden.

Anleitung

▶ Die meisten Schachteln müssen zunächst mit Acrylfarbe grundiert werden, damit nichts mehr vom Aufdruck zu sehen ist.

▶ Die Weihnachtssternmotive aus den Servietten schneiden und alle Lagen abziehen.

▶ Die Flächen, die mit den Motiven beklebt werden sollen, dünn mit Klebelack einstreichen und etwas antrocknen lassen.

▶ Die Motive an einer glatten Stelle anlegen und mit dem Pinsel vorsichtig in die Ecken bzw. um Kanten herum andrücken. Motive, die in Ecken geklebt werden wie z. B. bei dem grünen Kosmetikkarton, müssen eingeschnitten werden.

▶ Alle Motivflächen nochmals mit Klebelack überstreichen.

Tipp

Schachteln, die man aufziehen oder aufklappen kann, wirken besonders reizvoll, wenn man sie auch von innen mit schönen Motiven beklebt.

Mitbringsel in letzter Minute

Sie werden überraschend eingeladen und wollen noch schnell ein hübsches Mitbringsel zaubern. Wie wäre es mit einigen selbst gebackenen Plätzchen oder gar selbst gekochter Marmelade? Wenn die Verpackung auch noch selbst gestaltet ist, haben Sie die Bewunderung auf Ihrer Seite.

DAS BRAUCHEN SIE:

Für alle Objekte:
- Grundmaterial mit Stoffmedium (siehe Seite 7/8)

Flaschensäckchen
- heller Baumwollstoff
- Nähmaschine und Nähgarn
- Sicherheitsnadel
- Serviettenmotiv mit Kiefernzweig

Marmeladenglas
- heller Baumwollstoff
- Zirkel, Münze
- Marmeladenglas
- Nähmaschine und Nähgarn
- Serviettenmotiv mit Ilexkugel
- Bast

Keksdose
- Keksdose
- Acryllack in Elfenbein
- Serviettenmotiv mit Kiefernzapfen
- Klebelack
- Geschenkband, Kiefernzapfen, Orangenscheibe
- doppelseitiges Klebeband

Anleitung

Flaschensäckchen

- Entsprechend der zu verschenkenden Flasche ein Stoffrechteck (z. B. aus einem Stoffeinkaufsbeutel) zuschneiden. Mit der Nähmaschine ein Säckchen daraus nähen. Den oberen Rand etwas breiter einsäumen, sodass ein Bändchen eingezogen werden kann.
- Aus einem etwa 3 cm breiten und 30 cm langen Streifen Baumwollstoff ein Bändchen nähen und in dieses mithilfe einer Sicherheitsnadel in den oberen Saum des Säckchens einziehen.
- Das Säckchen innen mit Küchenkrepp auslegen, damit der Stoff beim Bekleben nicht zusammenklebt.
- Das Kiefernzweigmotiv aus der Serviette schneiden, alle Lagen abziehen und mit Stoffmedium auf das Säckchen kleben. Nach ca. 24 Stunden Trocknen bei niedriger Temperatur überbügeln.

Marmeladenglas

- Auf ein Stück Baumwollstoff mit dem Zirkel einen Kreis aufzeichnen, der Durchmesser sollte 4 cm größer als der Durchmesser des Marmeladenglasdeckels sein. Um den Kreisrand mithilfe einer Münze Halbkreise anzeichnen.
- Den Stoff ausschneiden und mit der Nähmaschine im Zickzackstich den Rand versäubern.
- Das Ilexmotiv aus der Serviette schneiden, alle Lagen abziehen und mit Stoffmedium aufkleben. Nach einer Trockenzeit von 24 Stunden bei niederer Temperatur überbügeln.
- Mit etwas Bast das fertige Stoffteil auf das Marmeladenglas aufbinden.

Keksdose

- Eine einfache Keksdose mit hellem Acryllack zweimal gut deckend grundieren.
- Für den Deckel eine ganze Serviette von allen Lagen befreien, den Deckel mit Klebemedium einstreichen, antrocknen lassen und die Motivlage auflegen. Mit einem breiteren Pinsel von der Mitte heraus nochmals mit Klebelack überstreichen, dabei die Serviette sorgfältig um alle Kanten andrücken. Kleinere Fältchen, die dabei entstehen, fallen durch das flächendeckende Muster nicht weiter auf.
- Für das Dosenunterteil die Serviette in Streifen (Dosenhöhe) schneiden und wie den Deckel damit bekleben.
- Aus Geschenkband, einem Kiefernzapfen und einer Orangenscheibe auf dem Deckel mittels Klebeband noch eine Dekoration anbringen.

Erinnerungen

Fotografien, in einem Leporello oder als Fotomontage liebevoll arrangiert, sind für die Großeltern immer eine wunderbare Überraschung. Sie können eigene Fotos verwenden oder aus Serviettenmotiven eine hübsche Fotomontage basteln.

Anleitung

Leporello

▶ Aus dem Fotokarton zwei Streifen in der Größe von 11 × 64 cm und 11 × 65 cm schneiden. Jeden Streifen in der Breite von 16 cm ziehharmonikaartig falten. Beide Streifen an dem überstehenden Zentimeter aneinander kleben.

▶ Mit dem Cutter zwei gleiche Rechtecke à 12 × 17 cm aus dem Passepartoutkarton schneiden.

▶ Das Motiv mit dem Jungen aus der Serviette reißen, alle Lagen abtrennen und mit Klebelack auf den Karton kleben.

▶ Die zusammengefaltete Fotokartonziehharmonika mittig zwischen die zwei Passepartoutkarten kleben.

▶ Fotos einkleben.

Fotomontage

▶ Das Landschaftsmotiv aus der Serviette schneiden, alle Lagen entfernen und mit Klebelack auf Fotokarton aufkleben.

▶ Ein passendes Motiv aus einem Foto schneiden und mit Klebestift auf die Landschaft kleben, das fertige Bild während des Trockenvorganges beschweren.

▶ Die Mützenmotive aus der Serviette schneiden, ebenfalls alle Lagen abtrennen und mit Klebelack auf dem Passepartout aufkleben (siehe Foto).

▶ Den Rahmen kräftig mit Klebelack einstreichen, dabei die Mützenmotive aussparen. Dekorschnee darüber streuen und festdrücken. Nach dem Trocknen überschüssigen Schnee abklopfen.

▶ Das Bild hinter den Rahmen kleben.

Tipp

Dekorschnee zum Streuen besteht aus kleinen Folienschnipseln und ist in Dekorations- und Bastelgeschäften erhältlich. Verwenden Sie für die in diesem Buch gezeigten Objekte keinen Sprühschnee, da dieser noch lange nachklebt.

Nützliche Weihnachtsbücher

Weihnachtsbücher sind zum Beispiel weihnachtlich dekorierte Notizbücher, in die man alles schreibt, was man sich zu Weihnachten merken möchte: Liedtexte, aber auch die besten Koch- und Backrezepte. Diese Bücher sind natürlich auch herrliche Weihnachtsgeschenke!

Anleitung

DAS BRAUCHEN SIE:

Für alle Objekte:
- Grundmaterial
  (siehe Seite 7)

Ringbuch
- Klarsichtringbuch
- Serviette mit Weihnachtsmotiv
- Klarlack

Rezeptbuch
- Buch
- Serviette mit Weihnachtsmotiv
- Klebelack
- Blatt weißes Papier
- Zickzackschere

Notizbuch
- Buch
- Acrylfarbe in Elfenbein
- Serviette mit Weihnachtsmotiv
- Klebelack

Ringbuch für Weihnachtslieder
▶ Motive aus der Serviette schneiden, alle Lagen abziehen und mit Klebelack auf das Deckblatt des Ringbuches aufkleben.

Rezeptbuch für Weihnachtsgebäck
▶ Motiv aus der Serviette schneiden, alle Lagen abziehen und mit Klebelack auf weißes Papier aufkleben. Während des Trocknens das Blatt beschweren, damit es sich nicht wellt.
▶ Das Bild mit der Zickzackschere ausschneiden und mit Holzleim auf das Buch aufkleben.

Notizbuch für Weihnachten
▶ Buchrückseite und Buchdeckel mit Acrylfarbe grundieren.
▶ Die Serviette zurechtschneiden und alle Lagen abtrennen. Mit Klebelack jeweils die Buchrückseite und den Buchdeckel einstreichen und mit der Serviette kaschieren. Die überstehenden Ränder mit Klebelack nach innen umkleben.

Für Musikliebhaber …

Weihnachtliche Klänge in passender Hülle, dazu ein Köfferchen zum Aufbewahren: damit machen Sie sogar Ihrer Tante und Ihrem Onkel eine große Freude.

Anleitung

CD-Hülle und Musikkassette

▶ Das Serviettenmotiv auf die Größe der Vorderseite der CD-Hülle bzw. der Musikkassette zuschneiden, alle Lagen entfernen.

▶ Die Vorderseite der CD- bzw. Kassettenhülle von innen mit Klebelack einstreichen und etwas antrocknen lassen, dann das Serviettenmotiv so auflegen, dass es von außen zu sehen ist. Da der Untergrund sehr glatt ist, den zweiten Anstrich mit Klebelack vorsichtig auftragen.

Pappkoffer

▶ Von der ganzen Serviette alle Lagen abziehen und die oberste Motivlage auf die zu beziehenden Außenflächen des Pappkoffers zuschneiden. Dabei für die Verschlüsse und den Tragegriff Löcher vorsehen. Dazu müssen Sie einige gezielte Hilfsschnitte anbringen, die später jedoch nicht auffallen.

▶ Seite für Seite des Koffers mit Klebelack bestreichen und die vorbereiteten Serviettenteile von einem Rand ausgehend vorsichtig auflegen und mit dem Pinsel fixieren. Wenn alle Seiten gut kaschiert sind, nochmals mit Klebelack überstreichen.

▶ Mit einem Cutter können kleine Überstände noch korrigiert werden.

Zeit zum Spielen

Die lange Wartezeit auf das Christkind lässt sich für Kinder mit diesen beiden selbst gebastelten Spielen in der Tat spielend verkürzen.

Anleitung

Memory

▶ Die Oberfläche der Pralinenschachtel mit verdünntem Holzleim einstreichen und mit dem Stoff, den Sie vorher auf die Größe der Schachteloberfläche zugeschnitten haben, kaschieren. Die Seitenflächen und die Deckelinnenseite mit blauer Acrylfarbe streichen.

▶ Unterschiedliche Motive aus den Servietten schneiden und eine Lage entfernen. Die Motive auf dem Deckel arrangieren (siehe Foto) und mit Stoffmedium aufkleben. Zusätzlich aus roten Filzbuchstaben das Wort „Memory" aufkleben.

▶ Für die Spielkarten jedes Serviettenmotiv dreimal ausschneiden und von allen Lagen befreien. Die ausgeschnittenen Motive jeweils auf ein hellgrundiges Pappkärtchen legen und mit Klebelack fixieren.

▶ Nach dem Trocknen alle Kärtchen mit wasserverdünnter, blauer Acrylfarbe bemalen.

Holzwürfel

▶ Sechs unterschiedliche Motivservietten auswählen. Das gewünschte Motiv sollte sich auf ein Viertel der gesamten Serviette beschränken.

▶ Holzwürfel können im Baumarkt von einer Fichtenholzstange 4 x 4 cm zugeschnitten werden. Die 16 Holzwürfel mit einer Holzfeile nochmals nachschleifen, bis alle Flächen und Kanten glatt sind.

▶ Das gewünschte Serviettenmotiv in der Größe 16,5 x 16,5 cm zurecht schneiden und alle Lagen abziehen.

▶ Die Würfel eng aneinander stellen und die Serviettenlage mit dem Motiv darauf legen. Mit einem mittleren Pinsel den Klebelack auftragen. Alle Kanten müssen mit dem Pinsel nochmals nachgefahren werden, damit die Serviette überall gut haftet.

▶ Nach dem Trocknen wird die Serviette entlang der Holzwürfelkanten mit dem Cutter vorsichtig abgeschnitten. Überstehende Serviettenreste ebenfalls mit dem Cutter exakt entfernen.

▶ Nach und nach werden die restlichen Würfelseiten auf gleiche Weise mit unterschiedlichen Motiven beklebt.

▶ Für den Spieluntersetzer die Pappe mit dem Cutter in drei Teile à 20 x 20 cm schneiden. In zwei von diesen Pappstücken mittig ein Fenster in der Größe 16 x 16 cm schneiden. Mit verdünntem Holzleim werden die Rahmenstücke auf das geschlossene Pappstück aufgeklebt.

▶ Eine ganze Serviette von allen Lagen befreien und auf den Papprahmen legen, von den Ecken aus die Serviette diagonal bis zur Vertiefung einschneiden und mit einem breiten Pinsel von der Mitte heraus den Klebelack auftragen, dabei alle Flächen und Kanten mit der Serviette überziehen.

Für Leseratten …

Wenn Sie Ihren Lieben zu Weihnachten ein Buch schenken wollen,

basteln Sie doch schnell noch einen Umschlag und ein Lesezeichen dazu.

Filz fühlt sich wohlig warm an und liegt gut in der Hand.

Anleitung

DAS BRAUCHEN SIE:

Bucheinband
- ☐ Grundmaterial mit Stoffmedium (siehe Seite 7/8)
- ☐ Filz
- ☐ Stickgarn in Rot
- ☐ Sticknadel
- ☐ Serviette mit Schneemannmotiv

Lesezeichen
- ☐ Grundmaterial mit Stoffmedium (siehe Seite 7/8)
- ☐ Filz
- ☐ Serviette mit kleinen Eisbärmotiven
- ☐ Locher
- ☐ Stickgarn oder Wolle in Rot

Bucheinband

▶ Den Filz entsprechend der Größe des Buches zuschneiden, dabei an beiden Längsseiten ca. 5 cm zum Umschlagen dazugeben und an Ober- und Unterkante ca. 0,5 cm zum Umsticken.

▶ Den Filz mit Stickgarn im Knopflochstich umstechen (links anfangen, Nadel von innen nach außen stechen, Faden unter die Nadel legen, anziehen).

▶ Das Schneemannmotiv aus der Serviette schneiden und alle Lagen abziehen. Den Filzumschlag an der Stelle, auf die das Motiv aufgeklebt werden soll, dick mit dem Stoffmedium einpinseln (Filz saugt sehr stark, deshalb Küchenpapier unterlegen).

▶ Das Serviettenmotiv auflegen und mit einem Pinsel überstreichen. 24 Stunden trocknen lassen, mit dem Bügeleisen bei niedriger Temperatur überbügeln.

Lesezeichen

▶ Einen Filzstreifen von ca. 4 × 20 cm zuschneiden.

▶ Eisbärenmotive aus der Serviette schneiden und alle Lagen abziehen.

▶ Die Motive aufkleben und nach dem Trocknen bügeln (siehe Buchumschlag).

▶ Das Lesezeichen an einer schmalen Seite lochen. Acht rote Stickgarnfäden in ca. 8 cm lange Stücke schneiden, durch das Loch ziehen und verknoten.

Schreib mal wieder ...

Durch die hübschen Engel von Raffaello bekommt das einfache Briefpapier noch den letzten Pfiff. Vielleicht versteht Ihre Freundin den Wink ja.

Anleitung

Briefpapier und Umschläge
▶ Verschiedene Engelmotive aus den Servietten schneiden und alle Lagen entfernen.
▶ In der linken oberen Ecke des Briefpapiers sowie auf der Rückseite der Briefumschläge dem Motiv entsprechend mit goldener Acrylfarbe eine Wolke malen.
▶ Die Engel auf der Wolke platzieren und von der Mitte heraus mit Klebelack überpinseln.

Geschenkkarton
▶ Verschiedene Engel- und Sternmotive aus den Servietten schneiden und alle Lagen entfernen.
▶ Mit Acrylfarbe mehrere goldene Wolken auf die Oberseite des Geschenkkartons malen.
▶ Die ausgeschnittenen Engel und Sterne fantasievoll auf dem Geschenkkarton anordnen und jeweils von der Mitte heraus den Klebelack auftragen.

Witzige Festtagsgrüße

So einfach und schnell zaubern Sie mit den witzigen Eisbären und

Nikolausmützen lustige Karten für Ihre Freunde und Bekannte.

Wer solche Festtagsgrüße bekommt, freut sich bestimmt ganz besonders.

Anleitung

Eisbär auf Schlittschuhen

▶ Fotokarton in Kartenformat zuschneiden und mit Verpackungsfolie
(schaumartig) bekleben.

▶ Eisbärmotiv aus der Serviette reißen,
alle Lagen abziehen. Das Motiv auf
die Karte legen und gut mit Klebelack
einpinseln.

Mützenkarte

▶ Mit der Nähmaschine (große Zick-
zackeinstellung) die aufgeklappte
Karte einmal umnähen, zusätzlich
entlang des Falzes nähen.

▶ Mützenmotive aus der Serviette
schneiden, alle Lagen abziehen und
mit Klebelack auf der Karte fixieren.

▶ Ein rotes Schleifchen in der oberen
rechten Ecke befestigen

▶ Mit einem Klebestift entlang des Ran-
des der Karteninnenseite Watteflusen
anbringen.

Karte mit Eisbären

▶ Verschiedene Eisbärmotive aus der
Serviette schneiden, alle Lagen abziehen und mit Klebelack auf der Karte
fixieren (siehe Foto).

▶ Mit einem breiten Pinsel die Karte gut
mit Klebelack einstreichen und sofort
Glitter darüber streuen.

▶ Karte mit dem Föhn trocknen und beschweren, damit sie sich nicht wellt.

Für alle, die ihre Weihnachtsgrußkarten gerne dekorativ auf einem Band aufgereiht im Zimmer aufhängen, werden diese selbst gestalteten außergewöhnlichen Karten eine wahre Freude sein.

DAS BRAUCHEN SIE:

Für alle Objekte:
- Grundmaterial (siehe Seite 7)
- Klebelack

Bärenkarte
- Fotokarton in Weiß, 30 x 15 cm
- Serviette mit Bärenmotiv

Karte mit Engel
- Fotokarton in Creme, 36 x 12 cm
- Reispapier, dünn, in Orange
- Acrylfarbe in Gold
- Serviette mit Engelmotiv

Merry-Christmas-Karte
- Bananenfaserpapier in Grün, 20 x 10 cm
- Serviette mit Merry-Christmas-Schriftzug
- Bogen Briefpapier

Große Nikolauskarte
- Fotokarton in Weiß, 18 x 23 cm
- Serviette mit Nikolausmotiv
- Maulbeerbaumrindenpapier in Rot

Anleitung

Bärenkarte
▶ Fotokarton zu einer Karte falten.
▶ Das Bärenmotiv aus der Serviette schneiden und alle Lagen abziehen. Das Motiv so auf die Karte legen, dass der Rücken des Bären an der Falzkante der Karte anliegt. Mit Klebelack das Motiv aufkleben.
▶ Mit dem Cutter den Bärenkopf ausschneiden. Den Falzrand im Bereich des Bärenrückens stehen lassen.

Karte mit Engel
▶ Den Fotokarton zu einer Karte falzen.
▶ Kartenvorderseite mit dem dünnen Reispapier kaschieren und mit goldener Acrylfarbe eine Wolke aufmalen.
▶ Das Engelmotiv aus der Serviette schneiden, alle Lagen entfernen. Mit Klebelack die Engel in der Mitte der Karte aufkleben.

Merry-Christmas-Karte
▶ Das grüne Bananenfaserpapier zu einer Karte falzen und den rechten Kartenrand leicht einreißen.
▶ Das Schriftmotiv aus der Serviette schneiden, von allen Lagen befreien und mit Klebelack auf der Kartenvorderseite aufkleben.
▶ Aus einem weißen Bogen Briefpapier noch ein Einlegeblatt zum Beschriften falten und einlegen.

Große Nikolauskarte
▶ Den Fotokarton zu einer Karte falzen.
▶ Ein rechteckiges Motiv aus der Serviette schneiden (ca. 12 x 17 cm). Alle Lagen abtrennen und mit Klebelack auf die Fotokartonkarte kleben.
▶ Aus rotem Maulbeerbaumrindenpapier ein Rechteck (ca. 14 x 20 cm) reißen und mit der Schere ein Fenster herausschneiden (siehe Foto).
▶ Den roten Rahmen mit einem Klebestift aufkleben.

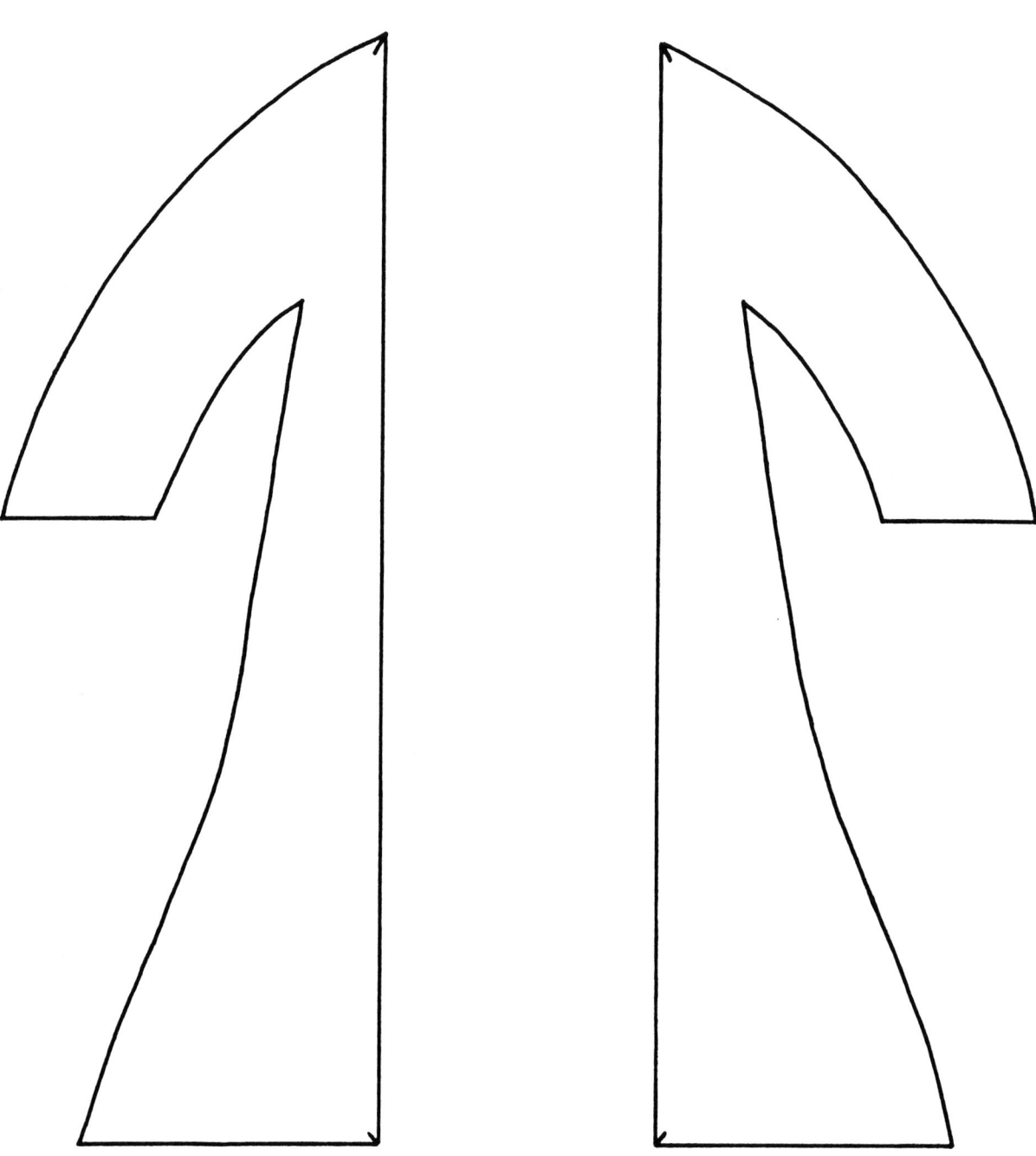

Motivvorlage Weihnachtsmann, Vorderteile rechts und links, S. 18

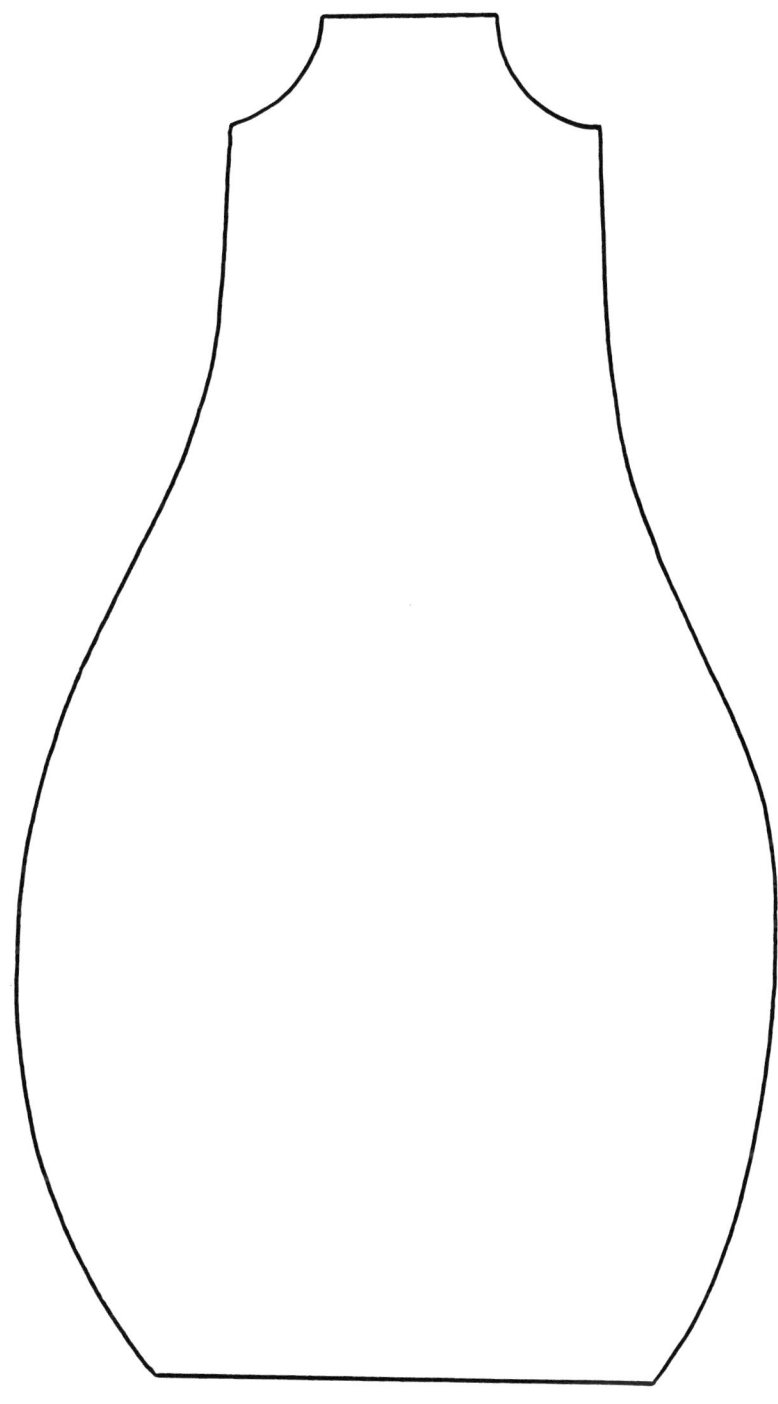

Motivvorlage Weihnachtsmann, Bauchteil, S. 18

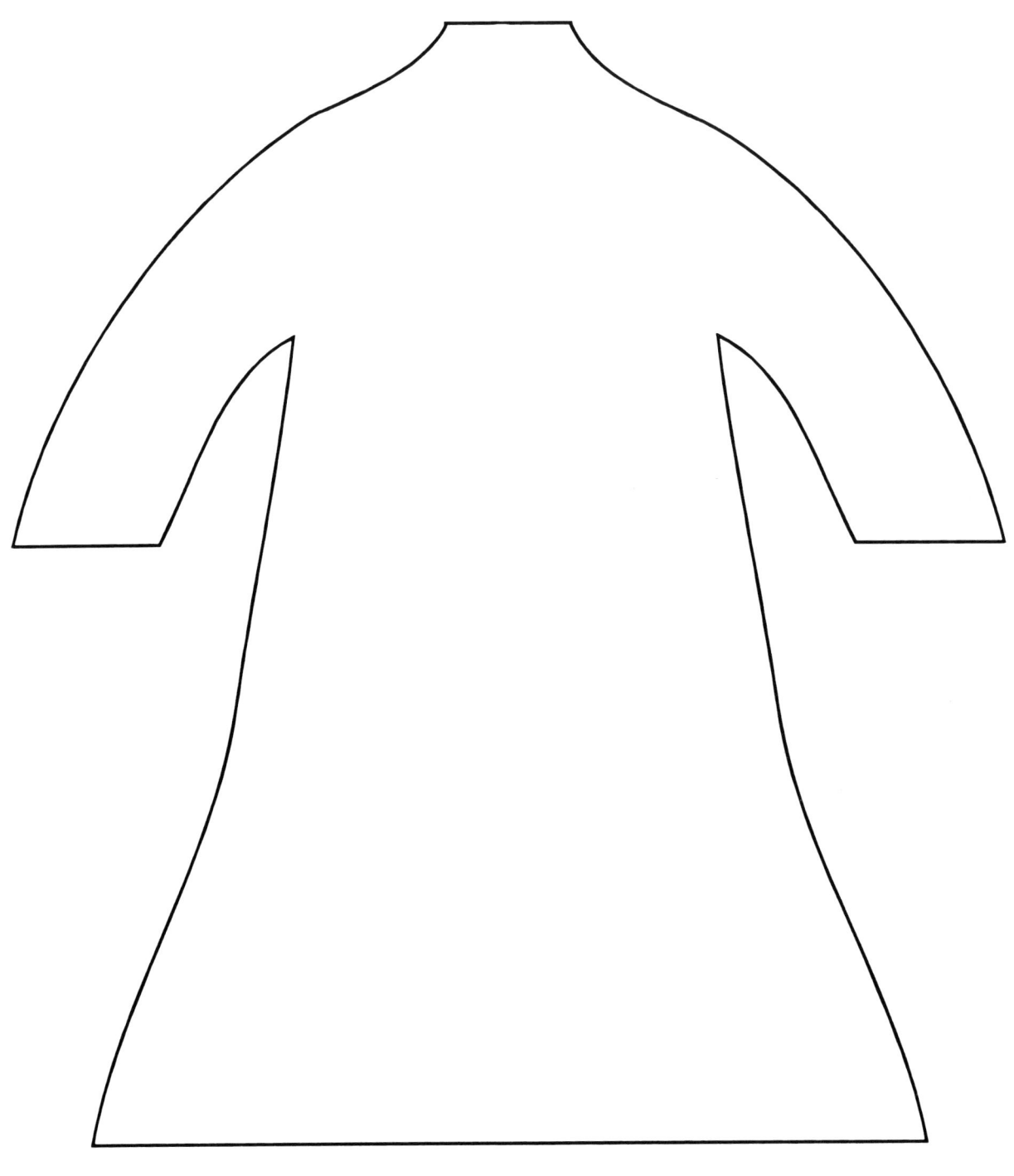

Motivvorlage Weihnachtsmann, Rückenteil, S. 18

Motivvorlage Stiefel, S. 38

Im FALKEN Verlag sind zahlreiche Titel in der Reihe „Ideen über Ideen" erschienen. Bitte fragen Sie überall dort, wo es Bücher gibt.

Sie finden uns im Internet: **www.falken.de**

Dieses Buch wurde auf chlorfrei gebleichtem und säurefreiem Papier gedruckt.

Der Text dieses Buches entspricht den Regeln der neuen deutschen Rechtschreibung.

Wir danken den Firmen IHR, Ideal Home Range, Essen, Home Fashion, Großrückerswalde, sowie der Firma UHU, Bühl/Baden, für die freundliche Unterstützung. Außerdem danken wir Frau Iris Kasperek.

ISBN 3 8068 7662 2

Umschlaggestaltung: Peter Udo Pinzer
Projektleitung: Carina Janßen/Uta Koßmagk
Redaktion: Sylvia Winnewisser, Wiesbaden
Herstellung: Horst Bachmann
Fotos: Susa Kleeberg und Friedemann Rink, Wiesbaden
Zeichnungen: Ulrike Hoffmann, Bodenheim

Satz: Raasch & Partner GmbH, Neu-Isenburg
Reproduktion: Lithotronic, Frankfurt
Druck: EuroGrafica S.p.A., Marano Vicenza
Printed in Italy

817 2635 4453 6271